Het proces van Bijbelse verandering

Door

Julie Ganschow Ph.D.

Gecertificeerde Bijbelse counselor/hulpverlener

Het proces van Bijbelse verandering

Copyright © 2009

Tweede editie 2017

NL editie 2020

Vertaald door Lani Wenzlawski

Gepubliceerd door Pure Water Press, Kansas City, Missouri

Web: www.rgcconline.org

Web: www.biblicalcounselingforwomen.org

Blog: bc4women.blogspot.com

Email: reigninggracecounsel@rgcconline.org

Alle rechten voorbehouden. Geen enkel deel van dit boek mag worden gereproduceerd, opgeslagen in een retrieval systeem of worden verzonden in welke vorm of op welke manier dan ook - elektronisch, mechanisch, digitaal, fotokopie, opname of enig ander - behalve korte citaten in gedrukte recensies, zonder de schriftelijke toestemming van de uitgever.

Geprint in de Verenigde Staten van Amerika.

ISBN-13: 978-0-578-68093-4

ISBN-10:

Opdraging

In de hulpverlening is niets belangrijker dan het meegeven, aan degene die hulp vraagt, dat een verandering van het hart noodzakelijk is. In mijn bediening heb ik vaak verlangd om het gedrukte woord bij de hand te hebben om de inhoud van de sessie - over het proces van het vernieuwd denken - te versterken bij diegenen die mij om hulp vragen. Wat je in je hand houdt, is het resultaat van dat verlangen. Het kwam tot stand door met mijn eigen zoon te praten over het proces van bijbelse verandering in zijn leven, en het is aan hem dat ik dit boekje opdraag ter ere van God.

Beste geliefde hulp vragende,

Je bent op zoek naar advies vanwege een probleem in je leven. Je hebt misschien een huwelijk dat in nood is, een eetstoornis, zondige woede, depressie, angstgevoelens, gevoelens van ongelukkig zijn. Misschien heb je relatieproblemen, drugs of alcoholmisbruik, worstelingen met immoraliteit, of tal van andere mogelijkheden. Misschien heb je eerdere hulpverlening voor dezelfde kwestie gehad. Je bent misschien gekomen met tal van problemen die je wilt oplossen of waarover je controle wilt krijgen. De meeste mensen komen voor hulpverlening in de verwachting dat ze aan één of twee specifieke dingen zullen werken.

Je komt met de verwachting dat je over het probleem zult praten, dat de hulpverlener zal luisteren en dat hierdoor dingen op de een of andere manier zullen verbeteren in je leven. Maar het is niet bewezen dat dit een effectieve methode is die permanente verandering teweegbrengt.

Wat je zou moeten ondergaan is een proces van bijbelse verandering. Deze verandering begon bij je wedergeboorte (ervan uitgaande dat je Jezus Christus als je Redder kent) en zal doorgaan totdat je sterft, wanneer je in alle opzichten perfect zult worden gemaakt. Het is een proces van achterlaten wie je was (Filippenzen 3:12-14), en het openbaren van Christus in jou, de hoop der glorie. Omdat het een proces is, wat gericht is op verandering, zal het inspanningen kosten: een beetje praktisch huiswerk maar vooral, werken aan je innerlijk.

Mijn gebed voor jou is dat je het essentiële belang van bijbelse verandering begrijpt en je tot doel stelt God te verheerlijken in jouw leven.

> *Namelijk dat u, wat betreft de vroegere levenswandel, de oude mens aflegt, die te gronde gaat door de misleidende begeerten, en dat u vernieuwd wordt in de geest van uw denken, en u bekleedt met de nieuwe mens, die overeenkomstig het beeld van God geschapen is, in ware rechtvaardigheid en heiligheid.* -Efeziërs 4:22-24 (HSV)

Het Proces van

Bijbelse Verandering

Onderwerpen die behandeld worden

I.

Verandering vereist een goed begrip van

de huidige toestand van uw hart.

II.

Willen de veranderingen bijbels zijn dan moet er een verlangen zijn om God te verheerlijken.

III.

Innerlijke mens/ Innerlijk leven

IV.

Verandering is een strijd om de geest die

in het lichaam wordt bestreden.

I. *Verandering vereist een goed begrip van de huidige toestand van uw hart*

Wat is het "hart"?

Definitie: Het hart is het bijbelse woord dat wordt gebruikt om de innerlijke mens te beschrijven. Het hart is het immateriële (niet-vlees) deel van jou dat je gedachten, overtuigingen, verlangens, geest, gevoelens, intenties en emoties omvat. Het wordt vaak het controlecentrum van je wezen genoemd.

We zijn in wezen gemaakt, bestaand uit twee delen:

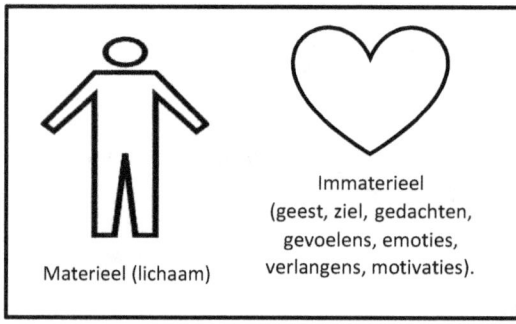

Wat je denkt, gelooft en verlangt in je immateriële deel (geest, hart, ziel, gevoelens) is wat je materiële deel (lichaam) doet. Bijvoorbeeld, als je denkt dat je dorst hebt, sta je op en haal je iets te drinken. Als je denkt dat je in gevaar bent, ren je weg. Als je een ijsje wilt, haal je er een. We zijn eraan gewend dat onze lichamen automatisch op deze commando's reageren. We reageren ook automatisch op andere soorten gedachten en verlangens. Wanneer we boos worden, kunnen we vloeken of slaan. Wanneer we willen wegvluchten voor problemen kunnen we drinken of drugs gebruiken. Wanneer we iets willen hebben en het geld niet voor hebben, kunnen we het op krediet kopen of zelfs stelen. Wanneer we in de problemen zitten, kunnen we bang zijn dat het openbaar wordt, dus liegen we. Zulke reacties kunnen ook automatisch voor jou zijn geworden.

Waarschijnlijk zonder dat je je dit realiseert, heb je jezelf getraind om op een bepaalde manier te reageren wanneer je geconfronteerd wordt met een omstandigheid of situatie. Door herhaling is het een gewoonte of een patroon geworden. Deze zondige patronen komen voort uit het hart.

De bijbel zegt veel over het hart.

> *"Zoals water gezicht tegenover gezicht stelt,*
> *zo weerspiegelt het hart van de mens de mens zelf."*

Spreuken 27:19 (NSV)

Wat betekent dit? Zoals water functioneert als een spiegel en laat zien hoe je er uitziet aan de buitenkant, reflecteert en onthult je hart hoe je van binnen bent.

> *"De goede mens brengt het goede voort uit de goede schat van zijn hart, en de slechte mens brengt het slechte voort uit de slechte schat van zijn hart, want uit de overvloed van het hart spreekt zijn mond."*
>
> Lukas 6:45 (HSV)

> *"Maar de dingen die uit de mond komen, komen voort uit het hart, en die verontreinigen de mens. Want uit het hart komen voort kwaadaardige overwegingen, alle moord, overspel, ontucht, diefstal, valse getuigenissen, lasteringen."*
>
> Mattheüs 15:18-19 (HSV)

Worstel je met kwade gedachten, bitterheid, immoraliteit, liegen of roddelen? Wat zegt de bijbel over de toestand van je hart? Gods mening over je hart is te vinden in Jeremia 17: 9: "Arglistig is het hart, ongeneeslijk is het, wie zal het kennen?"

Het arglistig hart is erop gericht *mij* te bevredigen, op *mijn* eigen manier te leven, te leven voor *mijn* genoegens, met *mij* in het centrum van mijn universum. Verrassen deze dingen je? Omdat het hart het controlecentrum van je wezen is, wat je ook denkt, gelooft of verlangt in je hart, dat is wat je daden stuurt en bepaalt. Het komt niet uit jezelf dat je beseft dat ons hart ziek is. Vaak wordt naar mensen verwezen met een goed hart of een groot hart. Het is mogelijk dat je nog nooit iemand hebt horen zeggen dat je hart bedrieglijk en goddeloos en slecht is. Maar als je eerlijk bent tegenover jezelf, zul je misschien zien dat je sommige van de zondige gewoontes hebt die je in Mattheüs 15: 18-19 vindt.

Kijk naar deze passage en besef dan wat God ziet:

> *"Want zij hebben, hoewel zij God kennen, Hem niet als God verheerlijkt of gedankt, maar zij zijn* **verdwaasd in hun overwegingen** *en hun onverstandig hart is verduisterd. Terwijl zij zich uitgaven voor wijzen, zijn zij dwaas geworden, en hebben zij de heerlijkheid van de onvergankelijke God vervangen door een beeld dat lijkt op een vergankelijk mens, op vogels en op viervoetige en kruipende dieren. Daarom ook heeft God hen in de begeerten van hun hart overgegeven aan de onreinheid om hun lichamen onder elkaar te onteren. Zij hebben de waarheid van God* **vervangen door de leugen***, en het schepsel vereerd en gediend boven de Schepper, Die te prijzen is tot in eeuwigheid. Amen. Daarom heeft God hen overgegeven aan* **schandelijke hartstochten***, want ook hun vrouwen hebben de natuurlijke omgang vervangen door de tegennatuurlijke. En evenzo hebben ook de mannen de natuurlijke omgang met de vrouw opgegeven, en zijn in* **wellust** *voor elkaar* **ontbrand***: mannen doen*

*schandelijke dingen met mannen en ontvangen het gepaste loon voor hun dwaling in zichzelf. En omdat het hun **niet** goeddacht God te **erkennen**, heeft God hen overgegeven aan **verwerpelijk denken**, om dingen te doen die niet passen. Ze zijn vervuld van allerlei ongerechtigheid, hoererij, boosaardigheid, hebzucht, slechtheid. Ze zijn vol afgunst, moord, ruzie, bedrog, kwaadaardigheid. Kwaadsprekers zijn het, lasteraars, haters van God, smaders, hoogmoedigen, grootsprekers, **bedenkers van slechte dingen,** ongehoorzaam aan hun ouders, onverstandigen, trouwelozen, mensen **zonder natuurlijke liefde**, onverzoenlijk, onbarmhartig. Zij **kennen** het recht van God, namelijk dat zij die zulke dingen doen de dood verdienen, en toch doen zij niet alleen zelf deze dingen, maar stemmen ook van harte in met hen die ze doen."*

Romeinen 1:21-32 (HSV; nadruk toegevoegd)

De zonden genoemd in Romeinen 1:21-32 zijn het resultaat van zondige gedachten, overtuigingen en verlangens. Elke actie of handeling begon als een gedachte. De gedachte werd aangewakkerd door een verlangen of overtuiging. Het verlangen of overtuiging is ontstaan en aangestuurd vanuit het hart.

Jezus nam de gelegenheid om te spreken over de ingesteldheid van het hart toen hij door de Farizeeën en zijn discipelen werd ondervraagd over zuiver voedsel en ceremonieel handen wassen. Hij gaf dit wijze antwoord:

"En Hij zei tegen hen: Bent ook u zo onwetend? Ziet u niet in dat alles wat van buitenaf de mens binnengaat, hem niet kan verontreinigen? Want het komt niet in zijn hart maar in zijn buik en gaat in de afzondering naar buiten. Zo wordt al het voedsel gereinigd. En Hij zei: Wat uit de mens naar buiten komt, dat verontreinigt de mens. Want van binnenuit, uit het hart van de mensen, komen voort kwade overwegingen, alle overspel, ontucht, moord, diefstal, hebzucht, allerlei kwaadaardigheid, bedrog, losbandigheid, afgunst, lastering, hoogmoed, dwaasheid; al deze slechte dingen komen van binnenuit en verontreinigen de mens."

Markus 7:18-23 (HSV)

De verachtelijke dingen die uit je voortkomen zijn ontstaan in je hart. Alvorens seksuele immoraliteit aan te gaan, was er een verlangen naar ongeoorloofd genot. Voordat je iets stal, was er een overtuiging dat je recht had op wat je wilde en een overtuiging dat je niet betrapt zou worden. Vóór de overspelige affaire was er het verlangen om 'gelukkig te zijn', om aan je behoeften te voldoen, om door je minnaar begeerd te worden. Vóór het bedrog was er een angst om betrapt of ontmaskerd te worden. Voordat je roddelde, overtuigde je jezelf dat je het recht had om die informatie met iemand te delen; je wilde dat iemand anders het wist.

Al je acties zijn als een gedachte begonnen. Zo ook hetgeen nu de reden of oorzaak van de vraag om hulpverlening is.

Het belang van wortels en vrucht
(zie het diagram van de bomen op pagina 10 en 11)

Heb je ooit van een sappige perzik of een knapperige appel genoten? De kwaliteit van de vrucht van een boom wordt bepaald door het wortelsysteem. Als er aan de wortels voedingsrijke meststoffen worden gegeven, zal de grond gezond en vruchtbaar zijn. Dit maakt de boom sterk en levert goede vruchten op. Als de wortels zijn gegrond in een slechte voedingsbodem, die vol zit met additieven van slechte kwaliteit, zullen de wortels weinig voeding hebben om door de stam naar de takken en bladeren te dragen. De boom zal zwak van kwaliteit zijn en zijn vrucht zal slecht zijn.

Het Belang van Wortel Kwesties en Vrucht Kwesties

SLECHTE VRUCHT: de resultaten van wat we denken, verlangen, geloven, willen in ons hart.

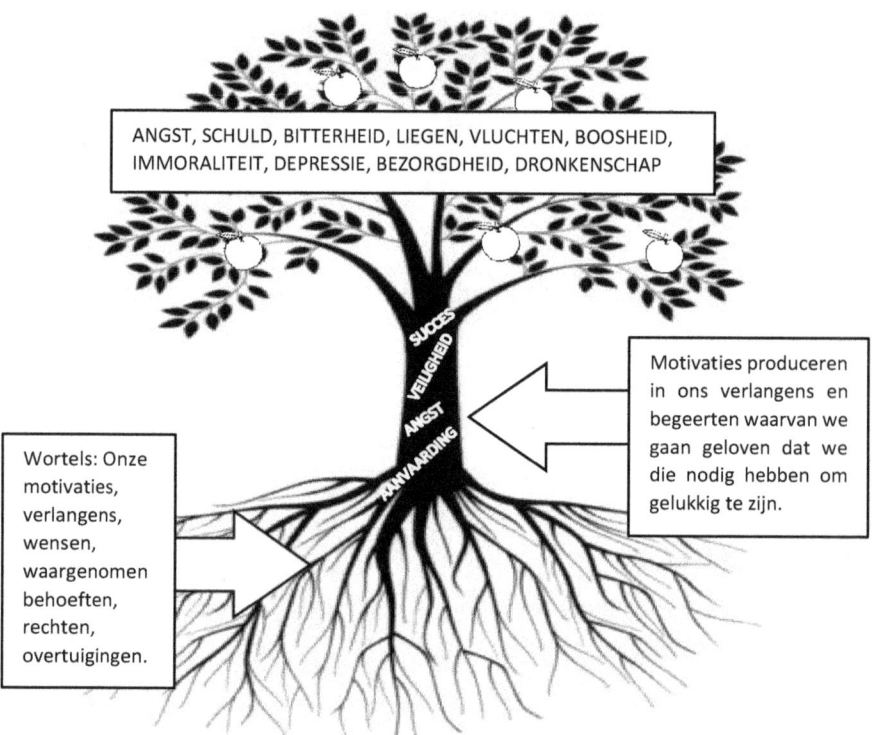

ANGST, SCHULD, BITTERHEID, LIEGEN, VLUCHTEN, BOOSHEID, IMMORALITEIT, DEPRESSIE, BEZORGDHEID, DRONKENSCHAP

Motivaties produceren in ons verlangens en begeerten waarvan we gaan geloven dat we die nodig hebben om gelukkig te zijn.

Wortels: Onze motivaties, verlangens, wensen, waargenomen behoeften, rechten, overtuigingen.

WORTELS = AFGODISCH, WERELDS HART – EGOCENTRISCH

"Het is bekend wat de werken van het vlees zijn, namelijk overspel, hoererij, onreinheid, losbandigheid, afgoderij, toverij, vijandschappen, ruzie, afgunst, woede-uitbarstingen, egoïsme, onenigheid, afwijkingen in de leer, jaloersheid, moord, dronkenschap, zwelgpartijen, en dergelijke; waarvan ik u voorzeg, zoals ik ook al eerder gezegd heb, dat wie zulke dingen doen, het Koninkrijk van God niet zullen beërven." (Galaten 5:19-21 (HSV)

Het Belang van Wortel Kwesties en Vrucht Kwesties

GOEDE VRUCHT: de resultaten van wat we denken, verlangen, geloven, willen in ons hart.

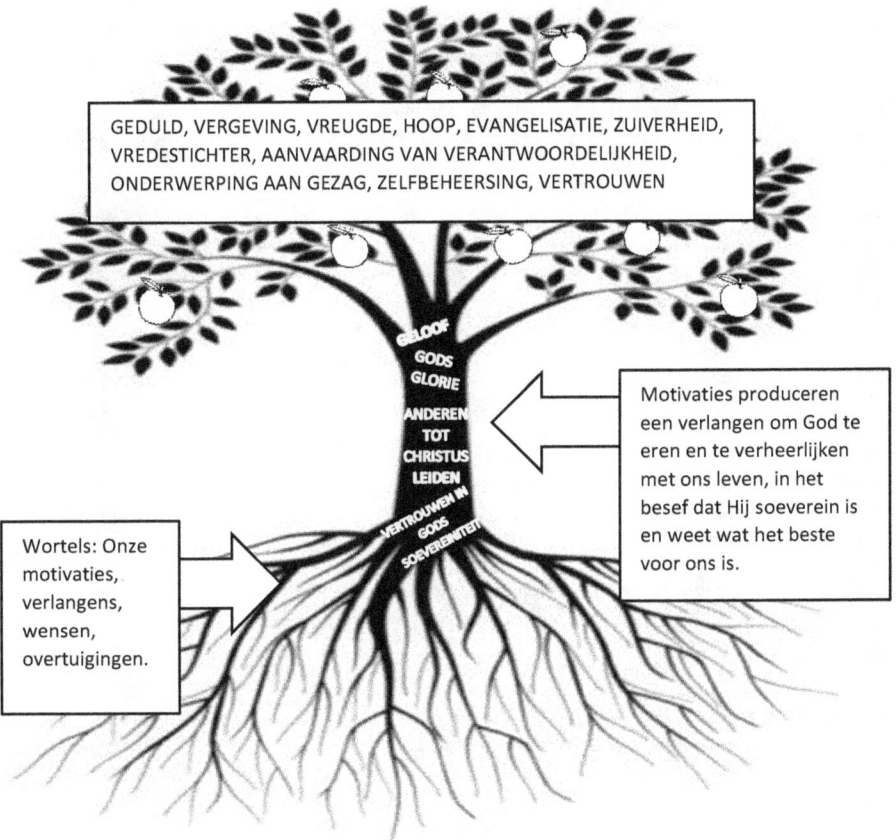

GEDULD, VERGEVING, VREUGDE, HOOP, EVANGELISATIE, ZUIVERHEID, VREDESTICHTER, AANVAARDING VAN VERANTWOORDELIJKHEID, ONDERWERPING AAN GEZAG, ZELFBEHEERSING, VERTROUWEN

Motivaties produceren een verlangen om God te eren en te verheerlijken met ons leven, in het besef dat Hij soeverein is en weet wat het beste voor ons is.

Wortels: Onze motivaties, verlangens, wensen, overtuigingen.

WORTELS: GOD GECENTREERD HART VERLANGEN OM GOD TE VERHEERLIJKEN.

"De vrucht van de Geest is echter: liefde, blijdschap, vrede, geduld, vriendelijkheid, goedheid, geloof, zachtmoedigheid, zelfbeheersing. Daartegen richt de wet zich niet."

Galaten 5:22 (HSV)

Nu gaan we in op de kwestie(s) die u tot hulpverlening hebben gebracht. Laten we het vrucht noemen. In je leven heb je vrucht van slechte kwaliteit gekweekt. Dit is een resultaat, een product geproduceerd door iets dat het heeft laten groeien. We moeten concluderen dat er een probleem bestaat dieper in je levensboom. Iets heeft ervoor gezorgd dat je vrucht slecht is.

In het geval van de mens kunnen we zeggen dat het wortelstelsel gelijk is aan het hart. Als je de vrucht boosheid, depressie, angst, immoraliteit, drugs- of alcoholmisbruik, liegen, enz., hebt betekent dit dat je wortels zijn ingebed in een afgodisch en egocentrisch hart. Je hart is gefocust op je wensen, waargenomen behoeften, persoonlijke rechten, overtuigingen en verlangens.

Op de een of andere manier begon je te geloven dat je bepaalde dingen of mensen nodig had om "je gelukkig te maken". Misschien word je gedreven om succes te behalen; misschien wil je aanvaarding ten koste van alles; of misschien beheerst de angst je om niet aanvaard of veilig te zijn. Deze motivaties, voortgestuwd door de verlangens van het hart, hebben precies het soort vrucht voortgebracht dat je zou verwachten - afschuwelijke vruchten. Als dit niet zo was, zou je niet op zoek zijn naar hulpverlening!

Het is schokkend voor sommige hulpvragenden dat we ons niet specifiek richten op de woede of de dronkenschap, terwijl we hulp verlenen. Het is niet nuttig om gewoon de slechte vruchten van de boom te trekken, omdat binnenkort nieuwe slechte vruchten op hun plaats zullen groeien. De *gevolgen* die je ondervindt, zijn het *resultaat* van het probleem. Ze zijn niet de oorzaak van het probleem.

We zullen het probleem zoeken waar het echt woont, in de wortels - in je hart. Wat je hart leidt en motiveert, is wat je acties en gevolgen zal veranderen (de vrucht).

Wanneer je gedachten, overtuigingen en verlangens zijn ingesteld op het verheerlijken van God, zullen er goede acties en goede gevolgen zijn. Maar doordat het hart ingesteld is op een behagen van "zichzelf", zullen je gedachten en acties niet van nature zijn zoals God dat verlangt. Hierdoor krijgen we een dilemma omdat God ons in de bijbel beveelt om heilig te zijn.

> *"Maar zoals Hij Die u geroepen heeft, heilig is, word zo ook zelf heilig in heel uw levenswandel, want er staat geschreven: Wees heilig, want Ik ben heilig."*
>
> 1 Petrus 1:15-16 (HSV)

Heiligheid beoefenen brengt God eer. God verheerlijken is het doel van je leven. Ik word vaak door de mensen die bij mij om hulp komen gevraagd: "Waarom ben ik hier?" Het eenvoudige en duidelijke antwoord op deze vraag kan je leven veranderen: je bent hier om God te verheerlijken.

God verheerlijken gebeurt wanneer de focus van het leven verandert van 'het leven voor eigen blijdschap en eer', naar 'leven tot zijn blijdschap en eer'. Het vereist dat mijn hart verandert van een op mij gerichte focus naar een op God gerichte focus.

Om dit doel te bereiken, moeten er veranderingen plaatsvinden. De eerste verandering moet plaatsvinden in het hart zelf. Je kunt je eigen hart niet veranderen. Omdat je hart arglistig en ongeneeslijk is (Jeremia 17:9), kun je onmogelijk de diepten van de verdorvenheid kennen, noch kun je genoeg goedheid in jezelf oproepen om op een echte en blijvende manier te veranderen. Misschien heb je dit eerder geprobeerd met een Nieuwjaarsvoornemen of een soort 'zelfhulpgroep'. Je gedrag is misschien een tijdje of tot op zekere hoogte veranderd, maar studies bevestigen het feit dat alleen het veranderen van je gedrag geen blijvende en permanente verandering teweegbrengt.

Alleen God kan het menselijk hart veranderen

"Dan zal Ik u een nieuw hart geven en een nieuwe geest in uw binnenste geven. Ik zal het hart van steen uit uw lichaam wegnemen en u een hart van vlees geven."

Ezechiël 36:26 (HSV)

"Ik zal hun één hart geven en een nieuwe geest in uw binnenste geven. Ik zal het hart van steen uit hun vlees wegdoen en hun een hart van vlees geven, zodat zij in Mijn verordeningen gaan en Mijn bepalingen in acht nemen en die houden. Dan zullen zij Mij een volk zijn, en zal Ík hun een God zijn."

Ezechiël 11:19-20 (HSV)

"Ik zal hun één hart en één weg geven om Mij te vrezen, alle dagen, hun ten goede, en hun kinderen na hen."

Jeremia 32:39 (HSV)

Een nieuw hart wordt door God gegeven bij de wedergeboorte. Wedergeboorte is noodzakelijk vanwege de zonde.

"Want allen hebben gezondigd en missen de heerlijkheid van God."

Romeinen 3:23 (HSV)

Psalm 51 is het verslag van David, "een man naar Gods hart", die zeer gezondigd heeft in zijn leven. Lees zijn woorden hieronder:

"Wees mij genadig, o God, overeenkomstig Uw goedertierenheid, delg mijn overtreding uit overeenkomstig Uw grote barmhartigheid. Was mij schoon van mijn ongerechtigheid, reinig mij van mijn zonde. Want Ík ken mijn overtredingen, mijn zonde staat mij voortdurend voor ogen. Tegen U, U alleen, heb ik gezondigd, ik heb gedaan wat kwaad is in Uw ogen, zodat U rechtvaardig bent wanneer U rechtspreekt en rein bent wanneer U oordeelt. Zie, ik ben in ongerechtigheid geboren, in zonde heeft mijn moeder mij ontvangen. Zie, U vindt vreugde in waarheid in het binnenste, in het verborgene maakt U mij wijsheid bekend. Ontzondig mij met hysop, dan zal ik rein zijn, was mij, dan zal ik witter zijn dan sneeuw." (Psalmen 51:3-9 (HSV)

"Heden, indien u Zijn stem hoort, verhard dan uw hart niet, zoals bij de verbittering, op de dag van de verzoeking in de woestijn."

Hebreeën 3:7-8 (HSV)

Deze wijze man zag in dat hij diep in de problemen zat. Hij wist dat zijn zonde hem van God had gescheiden. Het was niet alleen de zonde die hij op dat moment beging, maar hij gaf toe dat hij "als zondaar was geboren". Hij begreep dat er een oordeel zou komen voor zijn zonde en hij vroeg om vergeving van zijn zonden, om verlossing, redding. 1 Korinthe 6:9-10 leert ons dat vanwege hun zonde, de niet-gelovigen het koninkrijk van God niet zullen beërven.

> *"Of weet u niet dat onrechtvaardigen het Koninkrijk van God niet zullen beërven? Dwaal niet! Ontuchtplegers, afgodendienaars, overspelers, schandknapen, mannen die met mannen slapen, dieven, hebzuchtigen, dronkaards, lasteraars en rovers zullen het Koninkrijk van God niet beërven."*

1 Korinthe 6:9-10

> *"Maar wat betreft de lafhartigen, ongelovigen, verfoeilijken, moordenaars, ontuchtplegers, tovenaars, afgodendienaars en alle leugenaars: hun deel is in de poel die van vuur en zwavel brandt. Dit is de tweede dood."*

Openbaring 21:8

Als je het koninkrijk van God niet beërft, dan betekent dat dat je voor eeuwig van hem gescheiden bent. Wanneer je je laatste adem uitblaast, ben je verloren en zonder hoop voor alle eeuwigheid. Er zal geen tweede kans of kwijtschelding van schuld zijn.

Misschien heb je dit eerder gehoord en hebt je het naast je neergelegd. God vermaande Zijn volk keer op keer, maar sommigen gingen niet in op zijn uitnodiging.

> *"Maar in overeenstemming met uw hardheid en uw onbekeerlijke hart hoopt u voor uzelf toorn op tegen de dag van de toorn en van de openbaring van het rechtvaardig oordeel van God, Die ieder vergelden zal naar zijn werken, namelijk hun die met volharding het goede doen en heerlijkheid, eer en onvergankelijkheid zoeken: het eeuwige leven. Hun echter die twistziek zijn en ongehoorzaam aan de waarheid, maar gehoorzaam aan de ongerechtigheid, zal gramschap en toorn vergolden worden."*

Romeinen 2:5-8 (HSV)

> *"Want het loon van de zonde is de dood, maar de genadegave van God is eeuwig leven, door Jezus Christus, onze Heere."*

Romeinen 6:23 (HSV)

Het goede nieuws is dat Jezus Christus kwam om zondaars te verlossen en ons vrij te maken van de straf voor zonde en dood.

> *"God echter bevestigt Zijn liefde voor ons daarin dat Christus voor ons gestorven is toen wij nog zondaars waren. Veel meer dan zullen wij, nu wij gerechtvaardigd zijn door Zijn bloed, door Hem behouden worden van de toorn."* (Romeinen 5:8-9 (HSV)

God heeft een manier voorzien om jou gerechtvaardigd te doen worden met Hem, door Christus.

> *"Want Hem Die geen zonde gekend heeft, heeft Hij voor ons tot zonde gemaakt, opdat wij zouden worden gerechtigheid van God in Hem."*
>
> 2 Korinthe 5:21 (HSV)

De enige manier om verzoend te worden met God is door Jezus Christus. Het is noodzakelijk dat je begrijpt en gelooft dat er niets is dat je zelf kunt doen om jezelf te redden.

Het woord van God zegt:

> *"...het denken van het vlees is vijandschap tegen God. Het onderwerpt zich namelijk niet aan de wet van God, want het kan dat ook niet. En zij die in het vlees zijn, kunnen God niet behagen."*
>
> Romeinen 8:7-8 (HSV)

Zonder Christus is het onmogelijk om zich aan God te onderwerpen of hem te gehoorzamen.

> *"Ook u heeft Hij met Hem levend gemaakt, u die dood was door de overtredingen en de zonden, overeenkomstig de wil van de aanvoerder van de macht in de lucht, van de geest die nu werkzaam is in de kinderen van de ongehoorzaamheid, onder wie ook wij allen voorheen verkeerden, in de begeerten van ons vlees, door de wil van het vlees en de gedachten te doen; en wij waren van nature kinderen des toorns, evenals de anderen. Maar God, Die rijk is in barmhartigheid, heeft ons door Zijn grote liefde, waarmee Hij ons liefgehad heeft, ook toen wij dood waren door de overtredingen, met Christus **levend gemaakt** – uit **genade bent u zalig geworden**."*
>
> Efeziërs 2:1-5 (HSV; nadruk toegevoegd)

> *"Want uit genade bent u zalig geworden, door het geloof, en dat niet uit u, het is de gave van God; niet uit werken, opdat niemand zou roemen."*
>
> Efeziërs 2:8-9 (HSV)

> *"Schep mij een rein hart, o God, en vernieuw in mijn binnenste een standvastige geest."*
>
> Psalm 51:12

> *"maakte Hij ons zalig, niet op grond van de werken van rechtvaardigheid die wij gedaan hadden, maar vanwege Zijn barmhartigheid, door het bad van de wedergeboorte en de vernieuwing door de Heilige Geest. Die heeft Hij in rijke mate over ons uitgegoten door Jezus Christus, onze Zaligmaker, opdat wij, gerechtvaardigd door Zijn genade, erfgenamen zouden worden, overeenkomstig de hoop van het eeuwige leven."*
>
> Titus 3:5-7 (HSV)

Redding is een geschenk van God dat iemand door geloof ontvangt. Je moet geloven dat je een zondaar bent die redding nodig heeft - er is geen manier om vanuit jezelf te ontkomen aan de straf van de zonde - en je moet geloven dat Jezus Christus kwam om de straf voor de zonde te betalen door zijn leven voor jou aan het kruis te geven.

> *"Want ook Christus heeft eenmaal voor de zonden geleden, Hij, Die rechtvaardig was, voor onrechtvaardigen, opdat Hij ons tot God zou brengen. Hij is wel ter dood gebracht in het vlees, maar levend gemaakt door de Geest."*

1 Petrus 3:18 (HSV)

Zie je je behoefte aan de Redder? Er is veel verwarring over hoe een persoon gered of verlost wordt door de invloed van evangelische methoden die een 'gebed opzeggen' of het 'Jezus in je hart vragen' promoten.

Er is geen formulier-gebed dat je redt. Er is geen speciale formule om Christus te ontvangen. Wat nodig is, is een bijbels antwoord op het evangelie. Je moet begrijpen dat je een zondaar bent die redding nodig heeft en dat je jezelf niet kunt redden door werken of daden. Je moet geloven dat Jezus Christus je Redder is geworden en dat Hij aan het kruis stierf voor je zonden en je moet zijn gratis geschenk van redding aanvaarden.

Je bent door God in staat gesteld om te geloven en op het evangelie te reageren. Op dat eerste moment van geloof vinden er verschillende verbazingwekkende dingen plaats. Je bent gerechtvaardigd in Christus. Je bent geadopteerd als een kind van God. Je bent apart gezet (geheiligd) en rechtvaardig verklaard door God. Je krijgt ook toegang tot de troonzaal van God omdat je niet langer een vijand bent die onder zijn toorn staat, maar je bent zijn geliefde kind geworden.

Hij komt ook om in jou te wonen in de persoon van de Heilige Geest en je bent vanaf nu anders. Hij verwijdert je hart van steen en geeft je een hart van vlees dat in staat is om te worden getransformeerd en gelijkvormig te worden aan het beeld van Christus. Veel mensen worden aangezet tot belijdenis van zonde en berouw als gevolg van wat God bovennatuurlijk in hen doet. Het is van cruciaal belang dat je begrijpt dat het uitsluitend het geloof is - niet het gebed - dat jou redt.

Redding in Jezus Christus is wat het vermogen tot hartverandering bewerkt.

Als je eenmaal bent gered, ben je nu in staat om te veranderen op het niveau van het hart (geest, gedachten, verlangens, intenties, emoties) door de Persoon van Christus en de kracht van de Heilige Geest die Zijn leven in jou leeft. De Heer geeft je de kracht om veranderingen in je hart te bewerken die zichtbaar worden in je gedrag.

De veranderingen die u moet aanbrengen, zijn misschien niet eenvoudig.

In sommige gevallen zul je zondig gedrag en gewoonten aan het veranderen zijn die je het grootste deel van je leven hebt gehad. Het goede nieuws is dat verandering mogelijk is.

*"Immers, Zijn Goddelijke kracht heeft ons **alles** geschonken wat tot het leven en de godsvrucht behoort, door de kennis van Hem Die ons geroepen heeft door Zijn heerlijkheid en Zijn deugd. Daardoor heeft Hij ons de grootste en kostbare beloften geschonken, opdat u daardoor deel zou krijgen aan de Goddelijke natuur, nadat u het verderf, dat er door de begeerte in de wereld is, ontvlucht bent."*

2 Petrus 1:3-4 (HSV; nadruk toegevoegd)

Berouw

Er zijn veel vragen over berouw en hoe te weten of iemand echt berouw heeft. Berouw is van cruciaal belang om elke vorm van zonde te overwinnen. Bijbels gezien is echt berouw een drievoudige reactie op zonde, die wordt gevonden in het gebruik van drie verschillende woorden die verschillende aspecten van berouw weergeven. Alle drie de componenten moeten aanwezig zijn om de vrucht van oprecht berouw in het leven van een persoon vast te stellen.

De eerste reactie van berouw is te vinden in het Griekse woord metanoeo, wat een "verandering van denken" betekent (Mattheüs 3:2, Marcus 1:15).

Wanneer iemand van gedachten verandert, betekent dit dat er een erkenning van zonde is. Dit is wat we ontdekken als iemand zijn zonde belijdt. Ze geven toe en begrijpen dat wat ze hebben gedaan zondig is. Er is geen rechtvaardiging of verklaring verbonden aan de zonde, geen pogingen om te minimaliseren of de schuld op iemand anders te schuiven. Er is persoonlijke schuld verbonden aan daden die zijn gepleegd.

Berouw kan hier niet stoppen omdat het onvolledig is. Er zijn tal van situaties waarin iemand zonde heeft beleden en zijn schuld heeft toegegeven en dan gebeurt er niets meer. Er is geen andere zichtbare verandering en de zaken blijven bij het oude, wat betekent dat de zonde op een gegeven moment wordt hervat of dat iets anders voor in de plaats komt.

Een uitstekend voorbeeld hiervan is de Farao in zijn omgang met Mozes en de Israëlieten. Tweemaal (Exodus 9:27; 10:16) gaf hij toe aan Mozes: "Ik heb gezondigd tegen de Here, uw God". Hij gaf toe dat hij gezondigd had, hij rechtvaardigde of rationaliseerde of verschoof de schuld niet en toch had hij geen berouw. Er waren geen veranderingen die zijn toegeving vergezelden; in feite ging hij regelrecht terug naar zijn gedrag!

Koning Saul had dezelfde soort beperkt berouw (1 Samuël 15:24, 24:17, 26:21) en hij hield niet op met het achtervolgen van David, hoeveel het hem ook speet. Het is duidelijk dat het toegeven van zonde alleen, niet hetzelfde is als berouw tonen.

Het tweede belangrijke aspect van berouw is metanolomai (Mattheüs 21:29, 32, Hebreeën 7:21) en het betekent "verandering van hart". Naast het toegeven en belijden van de zonde, moet er een verandering van hart zijn met betrekking tot de zonde; wat een persoon ooit heeft liefgehad en aanbeden, is nu gehaat.

Er is niet langer ruimte in het hart om verschillende lusten te vervullen; in feite is er een groeiende haat voor alles wat in de eerste plaats tot die bepaalde zonde leidde. We zouden dit een heilige haat kunnen noemen en het is een emotionele reactie die wordt ervaren in het lichaam in de vorm van diep verdriet over hun zonden.

Werelds Verdriet /Christelijk Verdriet

Een belangrijk verschil moet hier gemaakt worden: er is een groot verschil tussen werelds verdriet en christelijk verdriet. Christelijk verdriet heeft als eerste zorg de eer van God. Het is anders georiënteerd en wordt geproduceerd door de Heilige Geest die handelt op het geweten van een zondaar. Dit soort verdriet roept uit: "Wee mij!" en zorgt ervoor dat een persoon bitter weent over de zonde die is begaan.

Toen de apostel Petrus, Christus drie keer verloochend had na de arrestatie van Jezus, ging hij heen en weende (metanoeo). Hij was diepbedroefd over zijn zonde en over hoe hij degene die hij liefhad verraden had.

Ter vergelijking: Judas toonde ook berouw (metamelomai), wat betekende dat hij van gedachten veranderde toen hij een onschuldige man verraadde. Hij voelde zich schuldig en trachtte het recht te zetten door het geld terug te geven dat hem was betaald. Zijn hoop was om zijn schuld te wissen en op de één of andere manier ongedaan te maken wat hij had gedaan. Hij ging toen heen en hing zichzelf op (Matteüs 27:3-5).

Het is belangrijk om op te merken dat berouw een manifestatie is van het leven van Christus in iemand. Het is een bewijs van redding in iemands leven. De zondaar (Petrus in het bovenstaande voorbeeld) is diep in zijn hart gesneden door de Geest van God en of het Woord van God en begrijpt dat zijn zonde vreselijk is voor de Heer. Omdat hij die geestelijke realiteit aanvaardde en begreep, wilde hij daar niet langer in meedoen.

Werelds verdriet is "ongeheiligde wroeging"[1] (Judas in het bovenstaande voorbeeld) en is gericht op gevoelens van spijt, angst en zelfs wanhoop. De persoon richt zich op de manier waarop de zonde of de openbaarheid ervan hem zal beïnvloeden. MacArthur zegt verder dat werelds verdriet geen verlossend vermogen heeft. Het is niets meer dan de gewonde trots van betrapt te worden in een zonde en dan beseffen dat zijn begeerten onvervuld worden.[2]

De eerste twee soorten berouw vinden plaats in de innerlijke mens of in het hart. Dit is van cruciaal belang, want naarmate het hart verandert, veranderen de acties. Dit leidt ons naar het derde deel van dit belangrijke aspect van verandering.

Ten slotte moet er sprake zijn van metanoia, wat een "verandering in de richting van het leven" betekent (Mattheüs 3:8; 9:13; Handelingen 20:21). We weten dat de apostel Petrus echt berouw had omdat hij in zijn leven alle aspecten van berouw openbaarde: hij begreep zijn zonde (angst), hij treurde om zijn zonde (angst voor de mens), en zijn leven veranderde (hij verkondigde vrijmoedig Christus voor de rest van zijn leven, uiteindelijk wordt hij gemarteld vanwege het geloof).

---

[1] John MacArthur Study Bible voetnoten bij 1 Kor 7:10
[2] Ibid.

Het veranderen van richting in het leven houdt een handeling van de wil in, een afkeren van het zondige gedrag. Er moet een radicale amputatie van de daden zijn.

> "En als uw hand u doet struikelen, hak hem dan af; het is beter voor u verminkt het leven in te gaan dan met twee handen heen te gaan in de hel, in het onuitblusbare vuur, [waar hun worm niet sterft en het vuur niet uitgeblust wordt.] "En als uw voet u doet struikelen, hak hem dan af; het is beter voor u kreupel het leven in te gaan dan met twee voeten geworpen te worden in de hel, in het onuitblusbare vuur, [waar hun worm niet sterft en het vuur niet uitgeblust wordt.] En als uw oog u doet struikelen, werp het dan uit; het is beter voor u met één oog het Koninkrijk van God in te gaan dan met twee ogen in het helse vuur geworpen te worden.
>
> Markus 9:43-47 (HSV)

Wanneer berouw oprecht is, zul je dit allemaal zien en zal de verandering opvallend zijn.

Bekering is geen proces dat een persoon van binnenuit kan oproepen. Geen enkele hoeveelheid geschreeuw of dreigen of andere vormen van manipulatie zal iemand dwingen berouw te hebben. Berouw is een geschenk van God. Berouw kan snel komen of soms jaren duren, maar één ding is zeker: een wedergeboren christen zal berouw hebben. Er is geen manier voor hem/haar om zonder berouw te leven onder de overtuiging en de werk van de Heilige Geest.

II   Willen de veranderingen bijbels zijn dan moet er een verlangen zijn om God te verheerlijken

Je bent door God in staat gesteld om te veranderen, om heilig te zijn, om een leven te leven zoals God je geroepen heeft te leven! Ik hoop dat dit je ertoe brengt uit te roepen: "Prijs de Heer!"

Vaak als hulpvragenden een probleem hebben, is hun doel bij hulpverlening om zich beter te voelen. Ze denken ten onrechte dat als ze stoppen met hulpverlening op het moment dat ze zich beter voelen, het succesvol is geweest. Wanneer dit het motief is, duiken de problemen die hen tot hulpverlening brachten maar al te vaak terug op en hun verdriet leidt naar hopeloosheid. Dit komt omdat hun beoogde doel van de hulpverlening niet juist is.

Het doel van bijbelse hulpverlening is verandering, maar geen verandering in omstandigheden of verandering in gevoelens. Het doel van bijbelse hulpverlening is een verandering teweegbrengen op hart-niveau, wat leidt tot een leven dat God verheerlijkt.

Dit betekent dat Gods prioriteiten jouw prioriteiten worden. Wat hij in zijn woord zegt, is belangrijk voor hem en wordt daarom ook belangrijk voor jou.

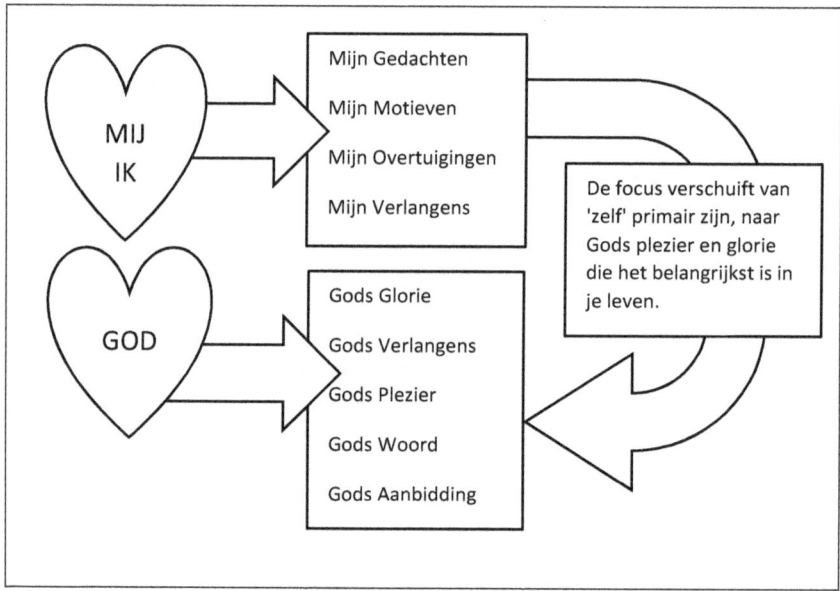

De veranderingen vinden plaats in de innerlijke mens voordat ze zich in gedrag vertonen.

III *Innerlijke mens / Innerlijk leven*

De bijbel heeft veel te zeggen over de werking van de innerlijke mens en het daaruit voortvloeiende gedrag. Ik zou graag willen dat je je concentreert op een paar sleutelpassages om je te helpen het proces van bijbelse verandering te begrijpen.

De eerste wordt ons de opdracht gegeven om te veranderen.

> *"Dit zeg ik dan en getuig ervan in de Heere, dat u niet meer wandelt zoals de andere heidenen wandelen, in de zinloosheid van hun denken."*
>
> Efeziërs 4:17 (HSV)

> *"Laat de zonde dan niet in uw sterfelijk lichaam regeren om aan de begeerten daarvan te gehoorzamen. En stel uw leden niet ter beschikking aan de zonde als wapens van ongerechtigheid, maar stel uzelf ter beschikking aan God, als mensen die uit de doden levend geworden zijn. En laat uw leden wapens van gerechtigheid zijn voor God."*
>
> Romeinen 6:12-13 (HSV)

> *"Ik roep u er dan toe op, broeders, door de ontfermingen van God, om uw lichamen aan God te wijden als een levend offer, heilig en voor God welbehaaglijk: dat is uw redelijke godsdienst. En word niet aan deze wereld gelijkvormig, maar word veranderd door de vernieuwing van uw gezindheid om te kunnen onderscheiden wat de goede, welbehaaglijke en volmaakte wil van God is."*
>
> Romeinen 12:1-2 (HSV)

De vernieuwing van de geest waarover gesproken wordt in Romeinen 12:2 is één aspect van verandering van het hart. 'Getransformeerd worden' is het Griekse woord *metamorphoo* dat we vertalen als metamorfose. Het betekent: transformeren (letterlijk of figuurlijk "metamorfose") - veranderen, van gedaante veranderen, transformeren. Het wordt meestal vergeleken met het veranderen van de rups in de vlinder.

Je hart werd getransformeerd bij de wedergeboorte, van een hart van steen waarmee je God haatte tot een hart van vlees dat in staat is om God lief te hebben (Ezechiël 36:26) en Hem te dienen en te aanbidden.

Net zoals de vlinder op geen enkele manier op de rups lijkt, moet je niet langer gevormd worden door de waarden, moraal, gedrag en overtuigingen van de wereld.

> *"Want u was voorheen duisternis, maar nu bent u licht in de Heere; wandel als kinderen van het licht want de vrucht van de Geest bestaat in alle goedheid en rechtvaardigheid en waarheid."*
>
> Efeziërs 5:8-9 (HSV)

Dit soort geestelijke verandering komt alleen tot stand als de Heilige Geest je denken verandert. Dit kan gebeuren door zelf consequent te studeren en te mediteren over het Woord van God. Dit soort studie zal je in staat stellen te weten wat Gods wil voor je is.

> *"En word niet aan deze wereld gelijkvormig, maar word veranderd door de vernieuwing van uw gezindheid om te kunnen onderscheiden wat de goede, welbehaaglijke en volmaakte wil van God is."*
>
> Romeinen 12:2 (HSV)

Er is geen betere passage om de veranderingen die we moeten ondergaan te beschrijven dan wat we vinden in Efeziërs 4:22:

> *"... namelijk dat u, wat betreft de vroegere levenswandel, de oude mens aflegt, die te gronde gaat door de misleidende begeerten, en dat u vernieuwd wordt in de geest van uw denken, en u bekleedt met de nieuwe mens, die overeenkomstig het beeld van God geschapen is, in ware rechtvaardigheid en heiligheid."*
>
> Efeziërs 4:22-24 (HSV)

De NBG zegt het zo:

> *"... dat gij, wat uw vroegere wandel betreft, de oude mens aflegt, die ten verderve gaat, naar zijn misleidende begeerten, dat gij verjongd wordt door de geest van uw denken, en de nieuwe mens aandoet, die naar (de wil van) God geschapen is in waarachtige gerechtigheid en heiligheid."*
>
> Efeziërs 4:22-24 (NBG)

Wat moeten we afleggen?

Egoïsme, Zelfzuchtige ambitie: aan jezelf denken voor je aan andere mensen denkt
Onenigheid: problemen veroorzaken
Afwijkingen in de leer: verdeeldheid veroorzaken
Afgunst: willen wat iemand anders heeft
Dronkenschap: alcoholisme, overmatig drinken
Zwelgpartijen: immoreel feesten
Onrechtvaardigheid: onrecht of ongerechtigheid in het algemeen
Boosaardigheid: een verlangen om anderen te verwonden; boos opzet; ernaar streven om anderen schade te berokkenen
Hebzucht: het verlangen om te verkrijgen wat van anderen is
Kwaadaardigheid: kwaad in het algemeen; de handeling van het verkeerd doen in plaats van

het verlangen dat wordt uitgedrukt door het woord "boosaardigheid"
Moord: het onwettig nemen van een mensenleven, meestal vooraf bedacht met de wens anderen te zien lijden
Ruzie, Debat: twist, strijd, woordenwisseling, verbonden met woede en opgewonden ijver. (Deze twist en strijd vloeien, natuurlijk, voort uit boosaardigheid en hebzucht, enz.)
Bedrog: dit duidt op fraude, onwaarheid en leugenachtigheid
Kwaadsprekers: de woorden of daden van anderen verkeerd interpreteren, of expres hun gedrag in een kwaad daglicht zetten
Geruchtenmakers: roddelaars; degenen die stiekem en op sluwe wijze, door hints en veronderstellingen, afbreuk doen aan anderen
Vijandschappen: woede of vijandigheid tussen strijdende partijen, het veel voorkomend effect van het vormen van partijen
Ruzie: tussen strijdende partijen
Partijschappen: opgesplitst in partijen die verbitterd en boos zijn op een ander met wederzijdse verwijten en beschuldigingen, terwijl ze in een kerk zijn
Lasteraars: degenen die laster of slecht spreken van degenen die afwezig zijn
Haters van God:
Brutaal: Dit woord verwijst naar degenen die anderen mishandelen of behandelen met onvriendelijkheid of minachting
Hoogmoedigen: hoogmoed is algemeen verstaanbaar. Het is een buitensporig eigendunk; een onredelijke verwaandheid over eigen superioriteit in talenten, schoonheid, rijkdom, prestaties

Opscheppers: zij die op een zelf bewonderende manier over zichzelf spreken, of ze eisen of grijpen kwaliteiten die ze niet bezitten en ze roemen erin. Dit hangt nauw samen met hoogmoed
Bedenkers van slechte dingen: zoeken naar nieuwe manieren of plannen om het kwade uit te oefenen; nieuwe manieren om lusten en passies te bevredigen; nieuwe vormen van luxe en ondeugd, enz
Ongehoorzaam aan hun ouders: dit drukt het idee uit dat ze aan de ouders niet de eer, het respect en de aandacht tonen die de ouders toe komt
Onverstandigen: onattent of dwaas
Trouwelozen: vals, onjuist naar hun contracten
Zonder natuurlijke liefde: deze uitdrukking duidt op een gebrek aan liefhebbend respect ten opzichte van hun kinderen. Verwijst hier naar de praktijk van het blootstellen van hun kinderen, of ze ter dood brengen - abortus, kindermoord
Onbarmhartig: verstoken van, zonder mededogen
Onrechtvaardig: degenen die anderen onrecht aandoen, proberen het te doen onder de goedkeuring van de rechtbanken

Schandknapen: toegepast op moraal; zoals het hier is, duidt het degenen aan die eigen genot tot het grootse object van het leven maken, zij die worden overgeleverd aan baldadigheden en sensuele genoegens, of die worden gehouden om aan anderen geprostitueerd te worden
Smaders: ruwe, harde en bittere woorden; zij die gekarakteriseerd worden door hun misbruik van anderen, kwaad te spreken over hun karakter en hun gevoelens te kwetsen

Dieven: afpersers, personen die hebzuchtig zijn, die de armen, behoeftigen en wezen onderdrukken om geld te verkrijgen
Losbandigheid: verwijst naar seksueel gedrag dat moraal tekortschiet, lawaaierig en uitdagend feesten, blijken van wanorde en sensualiteit, vergezeld van luxe leven
Ontuchtplegers, onzedelijk, onfatsoenlijk gedrag: omvat ongeoorloofde genot, verwennerijen van alle soorten, overspel, etc

Ruzie: benijdende twist, redetwisten, procesvoering
Jaloersheid: elke intense, hartstochtelijke, 'vurige' passie

* Je vindt deze vermeld in Galaten 5:19, Romeinen 1:24-32; 13:13; 1 Korinthe 6: 9-10; Colossenzen 3:5.

Heb je één van deze zonden in je leven?

Het kan zijn dat je worstelt met enkele of veel van deze zonden vandaag, ook al ben je een christen. Je zult nooit volledig vrij zijn van alle zonden terwijl je op aarde bent, maar door Gods genade - terwijl je groeit in Christus - zul je een vermindering zien in je zondige gewoonten en een toename van rechtvaardig denken en gedrag.

De tweede versie van Efeziërs 4:22 vertelt ons dat de oude mens "ten verderve gaat" naar zijn misleidende begeerten. Ons vlees (oude mens, zondige natuur) zal bij ons zijn tot de dag dat we deze aarde verlaten. Als het wordt gevoed, zal het blijven bloeien en sterker en corrupter worden. Het vlees wordt niet gevoed door de goedheid; het wordt gevoed door zondige gedachten en verlangens die tot zondige daden leiden. De verlangens zijn onverzadigbaar.

Een uitstekende illustratie van "ten verderve gaan" komt uit het oude Romeinse gerecht. Als een man een moord pleegde, was één manier om hem te straffen, het dode lichaam van het slachtoffer aan de moordenaar te binden. Het slachtoffer zou verbonden zijn met de moordenaar aan de polsen, borst, benen en enkels om een maximaal contact met de huid te krijgen. De moordenaar zou zijn slachtoffer overal moeten meedragen; er was geen ontsnapping mogelijk. Als het lichaam van het slachtoffer begon te ontbinden, verzamelden vliegen zich en maden bedekten het hele lichaam. Zuur van de ontbinding zou beginnen te vreten aan de huid van de moordenaar, waardoor er infecties ontstonden door vliegen en andere processen. De stank van het rottende vlees zou de gastheer misselijk maken en hij zou smeken om vrijlating van zijn marteling. Hij zou meer dan wat dan ook in staat willen zijn om dit rottend, stinkend lijk van zich af te gooien. Uiteindelijk zou de moordenaar sterven aan een septische shock, bloedvergiftiging of een andere infectie.

De illustratie wijst erop dat het vlees meer en meer ten verderven ging omdat het in contact bleef met het rottende vlees tot het punt dat het, het leven uit de gastheer afsneed.

> *"Want als u naar het vlees leeft, zult u sterven. Als u echter door de Geest de daden van het lichaam doodt, zult u leven."*
>
> Romeinen 8:13 (HSV)

Als je dit naar vandaag toepast, dan kun je stellen dat hoe langer je in contact blijft met je vroegere manier van leven en de zonde die het bevatte, hoe meer verdorven je zult worden. Ons wordt opgedragen het oude gedrag af te leggen, af te werpen. Dit houdt in dat je het weghaalt of het ver van je weg gooit alsof het dat rottend lijk is.

In aanvulling op het afleggen van de oude mens, moet je vernieuwd worden in de geest van je denken.

> *"En dat u vernieuwd wordt in de geest van uw denken."*
>
> Efeziërs 4:23 (HSV)

Het Woord en de Geest leveren wat nodig is om je geest te vernieuwen (Romeinen 12:1-2). Dit is onlosmakelijk verbonden met op een andere manier gaan leven en dit stelt je in staat om te begrijpen, te geloven en te gehoorzamen.

> *"... aangezien u de oude mens met zijn daden uitgetrokken hebt, en de nieuwe mens aangetrokken hebt, die vernieuwd wordt tot kennis, overeenkomstig het beeld van Hem Die hem geschapen heeft."*
>
> Colossenzen 3:9b-10 (HSV)

Toen je een christen werd, gaf God je een volledig nieuw geestelijk en moreel vermogen dat een geest zonder Christus nooit kan bereiken (1 Korinthiërs 2:9-16). Je geest is het centrum van je denken, begrijpen, geloven, verlangen en motivatie. Daarom is het cruciaal om te beginnen met je het vernieuwen van je geest door Zijn Woord.

Het is niet voldoende om alleen je gedrag te veranderen, want wat het gedrag stuurt, is nog steeds hetzelfde. Je geest moet opnieuw worden geschoold om bijbels te handelen, zodat wanneer je dezelfde oude verleidingen tegenkomt, je een nieuw antwoord bedenkt. In plaats van "Als ik de waarheid vertel, zal ik in de problemen komen", zal de nieuwe gedachte worden: "De waarheid vertellen is de manier waarop ik God zal eren, zelfs als het betekent dat ik in de problemen kom. Het is belangrijker om eerlijk te zijn dan het is om er goed uit te zien of te ontsnappen aan het in de problemen komen."

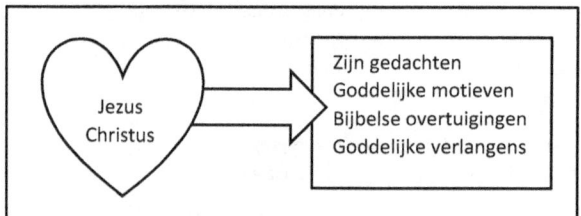

Je kunt niet aannemen dat alleen nieuw denken zal leiden tot waardig wandelen/ nieuw leven. Je moet ook afrekenen met wat je in de weg staat van geloof en actie. Echte verandering is meer dan stoppen met verkeerd gedrag. Er moet berouw zijn waarin men verstaat dat de daden niet tot eer van God zijn. Er moet een verandering zijn in de manier van leven zoals je dat tot nog toe geleid hebt. Echt berouw gaat gepaard met een verlangen om te gehoorzamen. Je kunt het veranderd denken niet scheiden van gehoorzaamheid.

"En wees daders van het Woord en niet alleen hoorders. Anders bedriegt u uzelf. Als iemand immers een hoorder van het Woord is en geen dader, lijkt hij op een man die het gezicht waarmee hij geboren is, in een spiegel bekijkt, want hij heeft zichzelf bekeken, is weggegaan en is meteen vergeten hoe hij eruitzag."

Jakobus 1:22-24 (HSV)

Als Jezus Christus de heerser van je hart is (innerlijke mens), vloeien je gedachten, inzichten, overtuigingen, verlangens en motivaties voort uit wat Hij wil dat je doet, zoals te zien is in Zijn Woord

"en u bekleedt met de nieuwe mens, [doe het nieuwe zelf aan, doe de nieuwe mens aan] die overeenkomstig het beeld van God geschapen is, in ware rechtvaardigheid en heiligheid."

Efeziërs 4:24 (HSV, vers geciteerd met mijn toevoegingen)

Dit duidt op een verandering van je hele levensstijl. Echte verandering begint in het hart en stroomt door je leven om Christus in jou te weerspiegelen.

Enkele specifieke voorbeelden van afleggen/ aandoen van Efeziërs 4 & 5:

Afleggen	Aandoen
• 4:25 Leg de leugen af	• Vertel de waarheid
• 4:26 Zondig niet wanneer je boos bent	• Laat de zon niet ondergaan over uw boosheid; vergeef
• 4:28 Stop met stelen	• Werk voor wat je nodig hebt, zodat je het met anderen kunt delen
• 4:29 Stop vuile taal	• Zeg dingen die anderen opbouwen en geef genade aan de toehoorder
• 4:31 Leg bitterheid, woede, toorn, geschreeuw en laster af	• Wees vriendelijk voor anderen, barmhartig, vergevingsgezind, navolgers van God; wandel in liefde, dankzeggende
• 5:3 Ontucht, onreinheid en hebzucht	• 5:11 Neem niet deel aan de onvruchtbare werken van de duisternis
• 5:4 Oneerbaarheid, dwaze praat en lichtzinnige taal	• 5:15 Wandel voorzichtig en wijselijk en begrijp wat Gods wil is.
• Maak zichtbaar de daden van het vlees	• Maak zichtbaar de vrucht van de Geest

> *"Laat niemand u misleiden met inhoudsloze woorden, want om deze dingen komt de toorn van God over de kinderen van de ongehoorzaamheid. Wees dan hun metgezellen niet. Want u was voorheen duisternis, maar nu bent u licht in de Heere; wandel als kinderen van het licht – want de vrucht van de Geest bestaat in alle goedheid en rechtvaardigheid en waarheid – en beproef wat de Heere welbehaaglijk is. En neem niet deel aan de onvruchtbare werken van de duisternis, maar ontmasker ze veeleer. Want wat heimelijk door hen gedaan wordt, is te schandelijk om zelfs maar te vertellen."*
>
> Efeziërs 5:6-12 (HSV)

Al deze veranderingen zijn mogelijk en vereist door God. Hij vertelt ons nooit *wat* we moeten doen zonder ons te vertellen *hoe* we het moeten doen of ons *toe te rusten* om het te doen.

> *"Hem nu Die bij machte is te doen ver boven alles wat wij bidden of denken, overeenkomstig de kracht die in ons werkzaam is."*
>
> Efeziërs 3:20 (HSV)

> *"Ik ben de ware Wijnstok en Mijn Vader is de Wijngaardenier. Elke rank die in Mij geen vrucht draagt, neemt Hij weg; en elke rank die vrucht draagt, reinigt Hij, opdat zij meer vrucht draagt. U bent al rein vanwege het woord dat Ik tot u gesproken heb. Blijf in Mij, en Ik in u. Zoals de rank geen vrucht kan dragen uit zichzelf, als zij niet in de wijnstok blijft, zo ook u niet, als u niet in Mij blijft. Ik ben de Wijnstok, u de ranken; wie in Mij blijft, en Ik in hem, die draagt veel vrucht, want zonder Mij kunt u niets doen."*
>
> Johannes 15:1-5 (HSV)

> *"want het is God, Die in u werkt zowel het willen als het werken, naar Zijn welbehagen."*
>
> Filippenzen 2:13 (HSV)

Verandering van het hart wordt bewerkt door de Geest van God. Het proces van heiligmaking is een bewijs van je redding. Ware het niet dat de Heilige Geest in jou zou leven, dan zou je geen verlangen hebben om je hart te veranderen of om God te verheerlijken.

God is blij met jou vanwege Christus, en dat verandert niet. Zijn genoegen rust op jou, omdat zijn toorn is voldaan door het werk van Christus.

De mogelijkheid om God te behagen, in het heiligingsproces, is tot verheerlijking van Zijn naam en persoon. Het zit vervat in het openbaar maken van Christus in jou aan anderen. Zo mag jij iets van de Persoon van Christus in je leven laten zien aan de mensen om je heen. Dit is tot eer en glorie van God.

IV *Verandering is een strijd om de geest die in het lichaam wordt bestreden*

Mij wordt vaak gevraagd naar praktische manieren om te veranderen. Dit zijn enkele bijbelse suggesties:

Denk na over je gedachten

Vraag jezelf af of je gedachten, woorden, daden of verlangens God eren *voordat* je ze doet.

Bedenk wat de bijbel erover zegt

Leer Schriftgedeelten van buiten die specifiek betrekking hebben op de zonde waarmee je worstelt.

Wees eerlijk tegen God

> *"Doorgrond mij, o God, en ken mijn hart, beproef mij en ken mijn gedachten. Zie of er bij mij een schadelijke weg is en leid mij op de eeuwige weg."*
>
> Psalm 139:23-24 (HSV)

God is alwetend en weet wat er in je hart leeft voordat je het doet. Hij is vertrouwd met al je wegen.

> *"HEERE, U doorgrondt en kent mij. Ú kent mijn zitten en mijn opstaan, U begrijpt van verre mijn gedachten. U onderzoekt mijn gaan en mijn liggen, U bent met al mijn wegen vertrouwd. Al is er nog geen woord op mijn tong, zie, HEERE, U weet het alles."*
>
> Psalm 139:1-4 (HSV)

Dit verzoek is een teken van nederigheid ten opzichte van God en onderwerping aan hem. Als je God vraagt of er iets kwaadaardigs in je is, geef je aan dat je wil veranderen.

Belijd uw zonden aan God.

> *"Als wij zeggen dat wij geen zonde hebben, misleiden wij onszelf en is de waarheid niet in ons. Als wij onze zonden belijden: Hij is getrouw en rechtvaardig om ons de zonden te vergeven en ons te reinigen van alle ongerechtigheid."*
>
> 1 Johannes 1:8-9 (HSV)

Het toegeven van je zonden is een teken van de Heilige Geest die in je werkt. Schuld bekennen is het eens zijn met God dat wat je hebt gedaan verkeerd is en aanstootgevend is voor Hem. Als je weet dat je verkeerd hebt gedaan, ben je verantwoordelijk om je gedrag te veranderen door je geest te vernieuwen.

Houd een gedachten dagboek bij

Dit is bewezen een effectief hulpmiddel te zijn in het proces van bijbelse verandering. Noteer wat je denkt, gelooft en verlangt in je hart gedurende de dag, vooral op tijden dat je zondigt. Bekijk daarna het dagboek en kijk of je je gedachten, overtuigingen of verlangens bijbels kunt onderbouwen. Kijk of je Schriftgedeelten kunt vinden die je contextueel ondersteunen of Schriftgedeelten die je laten zien dat je ongelijk had en zondigde. Belijd je zonden aan God, dank hem voor zijn vergeving en probeer de verzen te onthouden die betrekking hebben op jouw specifieke zondige worstelingen.

Neem elke gedachte gevangen

> *"Want wij breken valse redeneringen af en elke hoogte die zich verheft tegen de kennis van God, en wij nemen elke gedachte gevangen om die te brengen tot de gehoorzaamheid aan Christus."*
>
> 2 Korinthe 10:5 (HSV)

Onthoud dat wat je in je hart denkt hetgeen is wat je gedrag stuurt. Wanneer je aan dit proces van gedachten-vernieuwing begint, zijn er veel meer oude denkpatronen om tegen te vechten. Je kunt je gedachtenleven niet overwinnen met traditionele wapens. Je strijd speelt zich af in de onzichtbare wereld van je geest en je hart.

Terwijl het uitschakelen van de tv of het verlaten van een bepaald gezelschap dat aanzet tot zonde, een tastbare manier is om de strijd aan te gaan, is het grootste deel van deze oorlog - en het is oorlog - intern. Je moet je oude, zondige denkpatronen bestrijden met de waarheid van Gods Woord. Je moet deze gedachten gevangen nemen en onderwerpen aan bijbels onderzoek. Slagen ze voor de test van verandering van het hart? Slagen ze voor de test om God te verheerlijken? Het bovenstaande vers zegt dat je valse redeneringen [gedachten, ideeën, speculaties, argumenten, filosofieën en valse religies] moet afbreken en elke hoogte die zich verheft (zichzelf verhoogt) tegen de kennis van God.

Dit is een gevecht dat plaatsvindt in de geest - en je kunt een gevecht verwachten! Je hebt misschien al vele jaren met zondige denkpatronen geleefd. Is het redelijk om te verwachten dat ze allemaal snel zullen veranderen? Inderdaad, er kan gemakkelijk iets veranderen; maar sommige van je gedragingen, gedachten en verlangens zullen niet zo gemakkelijk veranderd worden.

> *"Want het vlees begeert tegen de Geest in, en de Geest tegen het vlees in; en die staan tegenover elkaar, zodat u niet doet wat u zou willen."*
>
> Galaten 5:17 (HSV)

Deze twee naturen zijn in oorlog met elkaar, ze willen tegenovergestelde dingen. Het vlees zal je naar zondig gedrag leiden. De Geest zal je herinneren aan wat juist is en wat God verlangt - gehoorzaamheid die Hem verheerlijkt.

Dit zal een voortdurende oorlog zijn je de heerlijkheid bereikt.

Gewoonten kunnen worden verbroken

Omdat dit zondige gewoonten zijn, kunnen ze worden veranderd. God zij dank dat dit geen ziekten, gebreken of aandoeningen zijn. Waar je mee worstelt, is zonde. Zonde is serieus, maar niet onoverkomelijk! Je zonde is zo ernstig dat Jezus Christus ervoor stierf en je de overwinning gaf. Je hoeft niet langer je leven in slavernij te leven voor je huidige zondige gedachten, overtuigingen en verlangens.

> *"Meer dan een menselijke verzoeking is u niet overkomen. En God is getrouw: Hij zal niet toelaten dat u verzocht wordt boven wat u aankunt, maar Hij zal met de verzoeking ook de uitkomst geven om die te kunnen doorstaan."*
>
> 1 Korinthe 10:13 (HSV)

De momenten dat je er niet in slaagt om de goede weg van uitkomst te bewandelen en terugvalt in de zondige gewoonte die je aan het afleggen bent, onthoud dan dat verandering tijd vraagt en dit een proces is. Je hebt deze gewoonte niet van de ene op de andere dag ontwikkeld en je zal het waarschijnlijk ook niet van de ene op de andere dag overwinnen.

Word niet ontmoedigd

Waar je ook bent in dit veranderingsproces, wees er zeker van dat je precies bent waar God wil dat je bent. God is nooit verbaasd over je zonde of je worsteling ermee. Hij kan alles gebruiken, zelfs niet onze mislukkingen.

> "En wij weten dat voor hen die God liefhebben, alle dingen meewerken ten goede, voor hen namelijk die **overeenkomstig Zijn voornemen** geroepen zijn. Want hen die Hij van tevoren gekend heeft, heeft Hij er ook **van tevoren toe bestemd om aan het beeld van Zijn Zoon gelijkvormig te zijn**, opdat Hij de Eerstgeborene zou zijn onder vele broeders. En hen die Hij er van tevoren toe bestemd heeft, die heeft Hij ook geroepen, en hen die Hij geroepen heeft, die heeft Hij ook gerechtvaardigd, en hen die Hij gerechtvaardigd heeft, die heeft Hij ook verheerlijkt."
>
> Romeinen 8:28-30 (HSV; nadruk toegevoegd)

Al deze dingen maken deel uit van wat God aan het doen is in en door jou. Houd moed! Jezus Christus heeft de overwinning voor jou voorzien! De overwinning is aan jou! Door wie je bent in Christus, heb je het vermogen om te veranderen, en zelfs meer dan dat, je hebt de God van het universum die je helpt, voor je zorgt, van je houdt. Dit zou je enorme hoop moeten geven! Door de kracht van God is er niets dat niet kan worden veranderd!

> *"Hem nu Die bij machte is te doen ver boven alles [buitengewoon, overvloedig, oneindig] wat wij bidden of denken, overeenkomstig de kracht die in ons werkzaam is, Hem zij de heerlijkheid in de gemeente, door Christus Jezus, in alle geslachten, tot in alle eeuwigheid. Amen."*
>
> Efeziërs 3:20-21 (versterkingen toegevoegd)

Het proces van Bijbelse verandering in huiswerkopdracht

Bijgedragen door Gaila Roper, Bill Schlacks, Sherrie Holman, Suzanne Holland en Julie Ganschow

Opmerking: Je hebt 30-60 minuten *per dag* nodig om dit huiswerk in de komende 1-2 weken af te maken. Het is niet de bedoeling dat deze opdracht overhaast of ondoordacht wordt voltooid. Hoe meer aandacht en gebed je besteedt aan het voltooien van deze opdracht, hoe meer je baat je erbij zal hebben.

Gebruik het boekje en de bijbel en maak de volgende studie in een computerdocument om te uploaden en te e-mailen naar jouw bijbelse hulpverlener voorafgaand aan je volgende sessie. Veel van de antwoorden op de vragen in deze studie zijn te vinden in het boekje. Noteer elke vraag die je niet begrijpt om met je hulpverlener te bespreken.

Wat is het proces van Bijbelse verandering?

Kortom, we noemen dit proces heiliging. De eerste heiligende verandering vindt plaats bij je wedergeboorte door Christus' vervangend werk aan het kruis (2 Korinthe 5:21). Het veranderingsproces gaat door, zelfs na de wedergeboorte, met het doel om achter te laten wie we waren en vooruitgang te maken. Al die tijd laten we het beeld van Christus in ons zien, met als enig doel God te eren (Filippenzen 3:12-14). Dit voortdurende aspect van verandering wordt progressieve heiliging genoemd.

Progressieve heiliging is het proces dat de wil van God voor ons is terwijl we hier op aarde zijn (1 Thessalonicenzen 4:3). Het vereist inspanning en doorzettingsvermogen om uit te werken wat God al in jou heeft bewerkt (2 Petrus 1:3-4, Filippenzen 2:12-13). Door progressieve heiligmaking bestrijden we corruptie van binnenuit en van buiten, terwijl we Hem proberen te eren in ons leven.

Echte verandering moet op een hartniveau plaatsvinden en niet alleen het gedrag, maar ook het karakter beïnvloeden. Het leven van Christus dat in en door ons werkt, is de basis om goed te handelen en te wandelen. Het is geen vorm van godsdienst, of een machteloze, legalistische overtuiging om het beter te doen. Hij is het. We leven voor Hem. Hij is het waard om alle eer en glorie voor dit proces te ontvangen.

Om je op gang te helpen, beantwoord je de volgende vragen over jezelf

1. Hoe heb je jezelf getraind om te reageren op problemen waarmee je in het leven te maken krijgt?

2. Automatisch gedrag is datgene wat we doen zonder na te denken. (Een voorbeeld is: van huis naar werk rijden terwijl je aan iets anders denkt.) Zij die hulp zoeken, hebben dikwijls automatisch gedrag ontwikkeld dat problematisch is. Met welk automatisch gedrag weet je dat je worstelt? Schrijf ze hieronder.

I. Verandering vereist een goed begrip van de huidige toestand van uw hart

A. Definieer op een bijbelse manier "het hart"

    1. Uit hoeveel basis "onderdelen" ben je gemaakt?
    2. Op welke momenten word je vooral bewust van het immateriële deel van je?

B. Bijbelwerk

    1. Wat leert Spreuken 4:27 over gedrag?
    2. Wat leren Spreuken 15:15,30 over gevoelens?
    3. Wat leert Spreuken 28:14 over de houding?

C. Als je naar je eigen leven kijkt in vergelijking met de bovenstaande passages, onderzoek dan je acties van de afgelopen week. Heb je geworsteld met slechte gedachten, bitterheid, immoraliteit, liegen of roddelen?

D. Zoek Jakobus 1:22-25 op. Wat zegt de passage over de mens die het Woord hoort maar niet handelt naar het Woord?

E. Lees Lucas 6:45 en Matteüs 15:18-19. Denk na over je eigen gedrag in het licht van wat je hebt gelezen.

    1. Wat leren deze verzen over de oorsprong van je acties?
    2. Wat leren deze twee teksten van de Schrift je over het belang van het hart?
    3. Kun je een tijd bedenken wanneer je de raad hebt gekregen om 'je hart te volgen'? Wat was het probleem? Heb je de raad gevolgd en wat was de uitkomst?

F. Lees Jeremia 17: 9

    1. Wat leert de Bijbel over de toestand van uw hart?
    2. Is volgens dit vers uw hart betrouwbaar?
    3. Denk je dat een aspect van christelijke groei een toenemende gevoeligheid voor de toestand van je hart zou kunnen inhouden?
    4. Aangezien het hart het controlecentrum is dat je acties leidt en bepaalt, wat bepaalt je gedrag? (Zie het diagram [pagina 6] over het hart.)
    5. Kijkend naar hetzelfde diagram, hoeveel van waar je mee worstelt, is gecentreerd op je overtuiging dat: "Ik moet mezelf voldoening geven, het moet op mijn manier, of leef het leven voor mijn genoegens?"

G. Het belang van wortels/ vrucht

Raadpleeg voor dit gedeelte het boomdiagram op pagina 10 en 11 in het boekje. De bomen op pagina's 10-11 bevatten sommige, maar niet alle vruchten die een persoon kan produceren. Niemand produceert "allemaal slechte" of "allemaal goede" vruchten, de meesten van ons produceren een mengsel van goede en slechte vruchten in ons leven.

1. Welke "vrucht" zie je in je eigen leven? Is het goede vrucht of slechte vrucht? Maak hieronder een lijst.
2. Wat onthult je vrucht (gedrag/reacties) over de conditie van je hart?
3. Heb je eerder geprobeerd om goede vruchten in je leven te "maken"?
4. Welke methoden heb je gebruikt?
5. Hoe succesvol waren je pogingen?
6. Hoe lang duurde het voordat je terugkeerde naar je oude gedrag?
7. Je hebt geleerd dat het hart het controlecentrum is dat je gedachten, overtuigingen, motieven en verlangens bevat en produceert.

    a. Teken je eigen boom, inclusief de vrucht van je gedrag bovenaan en de mogelijke wortel oorzaken in de grond. Schrijf op de stam van de boom wat volgens jou je motiveert om op deze manier te handelen. Dit zal moeilijker zijn, houd vol! Onthoud dat al je daden, inclusief wat je ook tot hulpverlening bracht, begon als een gedachte, overtuiging of verlangen in je hart.
    b. Zie je het verband tussen de wens van je hart (wortels) en het gedrag (vrucht) dat je ervaart?
    c. Op wie of waarop concentreer jij je?
    d. Wie wil je behagen?
    e. Wat is belangrijker dan je geluk?
    f. Heb je in het verleden geprobeerd gewoon fout of slecht gedrag te stoppen met weinig succes?
    g. Schrijf met dit in gedachten een aantal alinea's die je begrip van de relatie tussen de wortel en de vrucht in je leven verklaren.

8. Alleen God kan het menselijk hart veranderen (hoop is gevestigd). Schrijf een paar alinea's met verzen over wat God heeft gedaan en wat hij aan het doen is om verandering in jouw hart tot stand te brengen.
9. Een nieuw hart wordt door God gegeven bij de wedergeboorte. Wedergeboorte is noodzakelijk vanwege de zonde.

    a. Wat heb je in de loop der jaren geleerd? Is de mens in principe goed of slecht? Welke verzen zou je citeren om je antwoord te ondersteunen?
    b. Lees Hebreeën 11:1. Hoe beoordeel je jouw eigen zekerheid van je redding? Beoordeel je je zekerheid op basis van emoties (hoe je je voelt), persoonlijke ervaring of op de beloften van God?
    c. Wat beloven Johannes 5:24, 11:25-26?
    d. Wat zou het betekenen in je dagelijkse leven om Gods verlossingsplan volledig te omarmen?
    e. Zonder Christus is het **onmogelijk** om zich aan God te onderwerpen of Hem te gehoorzamen. Schrijf een alinea over waarom je dit gelooft of niet gelooft.
    f. Wedergeboorte in Jezus Christus is wat het vermogen tot verandering van het hart brengt.

g. Kun je uitleggen wat God heeft gedaan voor jou in de wedergeboorte?
h. Hoe is je leven veranderd sinds je wedergeboorte?
i. De veranderingen die je moet maken, zijn misschien niet eenvoudig! Zoek 2 Petrus 1:3-4 op. Schrijf hieronder een alinea op over hoe deze verzen waar zijn over de problemen waarmee je vandaag wordt geconfronteerd.

10. 2 Corinthiërs 7:10 spreekt over 2 verschillende vormen van berouw

    a. Wat is "werelds berouw"?
    b. Wat is berouw tot redding?
    c. Wanneer heb je verdriet gehad over een zonde, maar heb je er niet echt berouw over gehad?
    d. Leg uit waarom alleen het herkennen en belijden van zonde niet genoeg is om echt berouw te hebben.
    e. Lees Lucas 3:8-14. Wat denk je dat de "vruchten in overeenstemming met de bekering" is?
    g. Denk je dat het mogelijk is voor iemand om oprecht in Christus te vertrouwen, om vergeving van hun zonden te krijgen, zonder oprecht berouw te hebben over hun zonden?
    h. Schrijf, tijdens het bestuderen van dit vers, een alinea over je begrip van wat het voor je betekent om echt berouw te hebben.

II. Willen de veranderingen bijbels zijn dan moet er een verlangen zijn om God te verheerlijken

A. De Westminster geloofsbelijdenis stelt: "Het belangrijkste doel van de mens is om God te verheerlijken en voor altijd van Hem te genieten." Ben je naar bijbelse hulpverlening gekomen met andere doelen in gedachten?

    1. Lees de tekst opnieuw en bekijk het schema op pagina 20. Wat moet er veranderen als je God wilt eren door hoe je leeft?

    2. Lees 1 Thessalonicenzen 4:3. Wat is Gods wil voor jou? Ben je naar hulpverlening gekomen met andere doelen in gedachten?

III. Innerlijke mens/Innerlijk leven

A. Het bevel van verandering

    1. Wat betekent "getransformeerd"?
    2. Reageer in alinea wijze op deze vraag: "Welk aspect van je hart en geest moet worden getransformeerd?"
    3. Schrijf met behulp van het vers in dit gedeelte van het boekje een aantal alinea's die het proces van vernieuwing van de geest beschrijven.
    4. Bestudeer de "afleggen" lijst op pagina's 23-25 in je boekje. (Verzen: Galaten 5:19, Romeinen 1:24-32, 13:13, 1 Korintiërs 6:9-10, Colossenzen 3:5).

a. Zie je in jezelf één of meerdere van de zonden die daar staan vermeld?

b. Welke zijn nieuw voor jou?

c. Van welke van deze zonden weet je dat je er geregeld mee worstelt?

d. Wat heb je in het verleden gedaan om te proberen om met deze zonden af te rekenen?

5. Wat voor een hart heeft deze zonden voortgebracht in het licht van wat je hebt geleerd door het voltooien van je huiswerk? Ga zo nodig terug naar je boom.

We weten dat je nooit volledig vrij zult zijn van alle zonden terwijl je op aarde bent, maar door Gods genade als je groeit in Christus, zul je een afname zien in je zondige gewoonten en een toename van rechtvaardig denken en gedrag (zie Efeziërs 4:22). Besef je dat deze gebieden van zonde God niet verheerlijken?

B. De illustratie van het Romeinse gerecht treft vaak mensen als ze denken dat hun eigen zonde is als een lijk dat ze rondslepen terwijl het in hun vlees eet. Schrijf, terwijl je kijkt naar de zonde waarvan je weet dat je die moet afleggen, een alinea of twee als reactie op deze illustratie.

IV. Verandering is een strijd om de geest die in het lichaam wordt gestreden

A. Er zijn acht hulpmiddelen of disciplines die betrekking hebben op onderhoud:

1. **Denk over je gedachten na** - vraag jezelf af of je gedachten, woorden, daden of verlangens God verheerlijken voordat je ze doet! Ik stel voor indexkaarten te maken die zeggen: "Verheerlijkt dit _____ God?" en ze te plaatsen op je spiegels, boeken, dashboard, werkruimte, televisie of computerscherm. Leg ze letterlijk neer op een plek waarvan je weet dat je vatbaar bent voor zonde, als een herinnering aan wat je probeert te doen. Dit is bewezen in de eerste dagen van verandering een zeer nuttig hulpmiddel te zijn om de geest in de goede richting gefocust te houden en om zichzelf te vangen in automatisch gedrag.

2. **Houd een gedachten dagboek bij.** Sommige mensen vinden het nuttig om een gedachten dagboek bij te houden om hen te helpen bij het herkennen van on-bijbelse gedachten. Gedetailleerde instructies over het bij houden van een gedachten dagboek zijn te vinden op pagina 30. Schrijf je gedachten, overtuigingen en verlangens op papier of gebruik je elektronische apparaat om je gedachten, overtuigingen en verlangens vast te leggen wanneer je het moeilijk hebt. Er is een grote verleiding om het belang van het gedachten dagboek te negeren, maar het is de meest nuttige oefening die je zult doen in bijbelse hulpverlening!

In eerste instantie kan dit een strijd voor je zijn. Meestal krijg ik weerstand tegen het bijhouden van het dagboek, maar ik zeg je dat het één van de meest effectieve hulpmiddelen voor verandering is. De bezwaren voor deze activiteit zijn meestal in de zin van worstelen met het zetten van gedachten op papier, en dit is precies waarom het zo effectief is. Degenen die worstelen met automatisch gedrag zijn niet actief aan het denken, ze reageren op oude gewoonten en gedragingen.

Ik stel voor om gedurende de dag op te schrijven wat je denkt, gelooft en verlangt, vooral in tijden waarin je gezondigd hebt of wilt zondigen. Bekijk vervolgens het dagboek en kijk of je je gedachten, overtuigingen of verlangens bijbels kunt ondersteunen. Het doel van deze opdracht is om je te helpen je gedachten op een objectieve manier te bekijken. Kijk of je Schriftgedeelten kunt vinden die je gedachten contextueel ondersteunen of laten zien dat je fout was en zondigde.

Belijd je zonden aan God, dank Hem voor zijn vergeving en probeer de verzen van buiten te leren die spreken over jouw specifieke zondige worstelingen om je te helpen deze te overwinnen.

3. **Schriftgedeelten van buiten leren** die specifiek betrekking hebben op de zonden waarmee je worstelt. De Bijbel is krachtig! Je zult niet veranderen los van het geïnspireerde Woord van God (Psalm 119:9-11). Het uitschrijven van deze toepasselijke verzen op kaarten en deze in een flip-over samenvoegen kan nuttig zijn. Ze zijn gemakkelijk draagbaar, passen in een zak, handtas of boekentas en kunnen overal worden gebruikt. Herhaling is de meest effectieve manier om te onthouden, dus het frequent lezen van deze kaarten zal zeer nuttig zijn.

4. **Wees eerlijk tegen God** - zoek Psalm 139:23-24 op. God is soeverein. Hij kent jou. Overweeg een studie te maken over de soevereiniteit van God.

5. **Belijd uw zonden aan God** - lees 1 Johannes 1:8-9. Als je weet dat je het verkeerd hebt gedaan ben je verantwoordelijk om je gedrag te veranderen door het vernieuwen van je geest. (Je moet niet blijven leven als slachtoffer van de zonde [Romeinen 6]. Vervang die leugens door de waarheid van Gods woord en een gehoorzaam, onderdanig hart.)

6. **Neem elke gedachte gevangen**. Lees 2 Korinthiërs 10:5. Vergeet niet dat wat je denkt in je hart is wat je gedrag stuurt! Dit is grotendeels een interne zone waar je tegen vecht. Wanneer je aan het proces van vernieuwing in je denken begint, zijn er veel oude denkpatronen waarmee je moet strijden. Je kunt je gedachteleven niet overwinnen met traditionele wapens, je strijd speelt zich af in de onzichtbare wereld van je geest en je hart.

Terwijl het uitschakelen van de tv of weg te gaan uit slecht gezelschap een tastbare manier is om te strijden, is het grootste deel van deze oorlog intern. Het is een oorlog.

Je moet je oude en zondige denkpatronen aanvallen met de waarheid van Gods Woord. Je moet deze gedachten grijpen en onderwerpen aan bijbels onderzoek. Zijn ze geslaagd voor de test van de verandering van het hart? Slagen ze voor de test van het verheerlijken van God? Dit is een strijd die plaatsvindt in de geest - en je kunt een strijd verwachten! Je hebt misschien al vele jaren met zondige denkpatronen geleefd. Is het redelijk om te verwachten dat je gedachten snel zullen veranderen?

Inderdaad, er kan gemakkelijk iets veranderen; maar sommige van je gedragingen, gedachten en verlangens zullen niet zo gemakkelijk veranderd worden.

7. Gewoonten kunnen worden verbroken. Omdat dit zondige gewoonten zijn, kunnen ze worden veranderd. Goddank dat dit geen ziekten, defecten of aandoeningen zijn. Waar je mee worstelt, is zonde. Zonde is serieus, maar niet onoverkomelijk! Je zonde is zo ernstig dat Jezus Christus ervoor stierf en de overwinning behaalde.

Je leeft niet langer je leven in slavernij voor je huidige zondige gedachten, overtuigingen en verlangens.

Onthoud 1 Corinthiërs 10:13! Er zullen momenten zijn dat je faalt om de uitkomst te nemen die God voorziet, en je valt terug in de zondige gewoonten die je probeerde af te leggen. Houd er rekening mee dat verandering tijd kost en dit een proces is. Je hebt deze gewoonte niet van de ene op de andere dag ontwikkeld en je kan het misschien niet van de een op de andere dag overwinnen. Met een consequente toepassing van wat je hebt geleerd, zal er een stabiele en meetbare vooruitgang zijn.

8. Wees bemoedigd ... God is soeverein, zelfs in je worstelingen. Waar je ook bent in dit veranderingsproces, wees er zeker van dat je precies bent waar God wil dat je bent. God is nooit verbaasd over je zonde of je worsteling ermee. Hij verspilt nooit iets, zelfs onze mislukkingen niet. Al deze dingen maken deel uit van wat God aan het doen is in en door jou.

Wees bemoedigd! Jezus Christus heeft de overwinning voor jou behaald! De overwinning ligt voor jou voor het oprapen! Vanwege wie je bent in Christus, heb je het vermogen om te veranderen, en zelfs meer dan dat, je hebt de God van het universum die je helpt, voor je zorgt en van je houdt. Dit zou je enorme hoop moeten brengen! Door de kracht van God is er niets dat niet kan worden veranderd! Lees en onthoud Efeziërs 3:20-21.

"Vanwege wie je in Christus bent, heb je het vermogen om te veranderen, en zelfs meer dan dat, je hebt de God van het universum die je helpt, voor je zorgt en van je houdt."

Citaat door Julie Ganschow

Over de auteur

Julie Ganschow beschrijft het als een vreugde om betrokken te zijn bij de zorg voor lijdende zielen die op zoek zijn naar hulp, genezing en hoop. Ze begon met bijbelse hulpverlening aan vrouwen in 1998 en is een gecertificeerde bijbelse hulpverlener met tal van organisaties, waaronder the Association of Certified Biblical Counselors (ACBC) en de International Associatie of Biblical Counselors (IABC). Ze zit ook in het bestuur van the Biblical Counseling Coalition.

Julie heeft uitgebreide training en opleiding gevolgd en is gedoctoreerd in bijbelse hulpverlening. Zij is de oprichter en directeur van Reigning Grace Counseling Center (RGCC) in Kansas City, Missouri. Julie is de auteur van een dagelijkse blog en talloze boeken en materialen over hulpverlening gerelateerde kwesties.

Het is haar passie om iedereen te laten zien dat Gods Woord alle antwoorden op de problemen van het leven bevat en volledig genoeg is. Ze is ervan overtuigd dat verandering van het hart de sleutel is tot verandering van het leven.

Julie is gelukkig getrouwd met haar middelbare schoollief, Larry. Hun familie blijft groeien terwijl hun drie zonen zijn getrouwd en er kleinkinderen beginnen te komen!

www.ingramcontent.com/pod-product-compliance
Lightning Source LLC
Chambersburg PA
CBHW030311030426
42337CB00012B/678